Impressum
Verlag: BABADADA GmbH, Nedderfeld 112 , 22529 Hamburg
Geschäftsführer / Verlagsleitung: Harald Hof
Druck: Books on Demand GmbH, In de Tarpen 42, 22848 Norderstedt

Imprint
Publisher: BABADADA GmbH, Nedderfeld 112 , 22529 Hamburg, Germany
Managing Director / Publishing direction: Harald Hof
Print: Books on Demand GmbH, In de Tarpen 42, 22848 Norderstedt, Germany

escola
skola

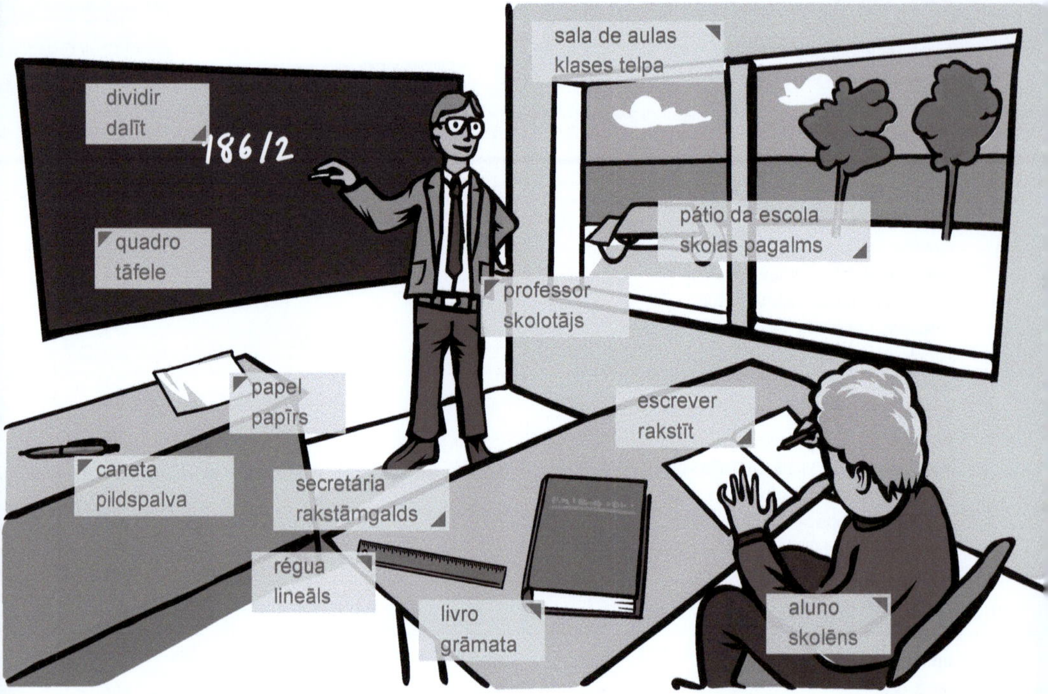
sala de aulas
klases telpa
dividir
dalīt
186/2
quadro
tāfele
pátio da escola
skolas pagalms
professor
skolotājs
papel
papīrs
escrever
rakstīt
caneta
pildspalva
secretária
rakstāmgalds
régua
lineāls
livro
grāmata
aluno
skolēns

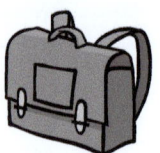

mochila

skolas soma

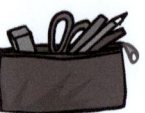

estojo de lápis

penālis

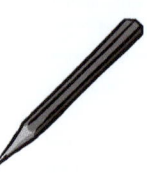

lápis

zīmulis

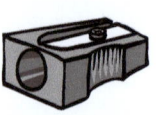

afia-lápis

zīmuļu asināmais

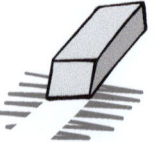

borracha

dzēšgumija

bloco de desenho

zīmēšanas bloks

desenho

zīmējums

pincel

ota

caixa de tintas

krāsas

tesoura

šķēres

cola

līme

livro de exercícios

darba burtnīca

trabalhos de casa

mājas darbs

número

skaitlis

somar

saskaitīt

subtrair

atņemt

multiplicar

reizināt

calcular

rēķināt

letra

burts

alfabeto

alfabēts

palavra

vārds

texto

teksts

ler

lasīt

giz

krīts

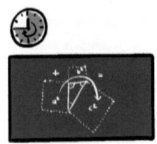

hora

mācību stunda

registo de presenças

žurnāls

exame

eksāmens

certificado

liecība

uniforme escolar

skolas forma

educação

izglītība

enciclopédia

enciklopēdija

universidade

universitāte

microscópio

mikroskops

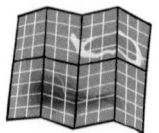

mapa

karte

cesto de lixo

papīrgrozs

viagem
ceļojums

hotel
viesnīca
Grand
hostel
hostelis
ROOMS
casa de câmbio
valūtas maiņas punkts
mala
čemodāns
carro
automašīna

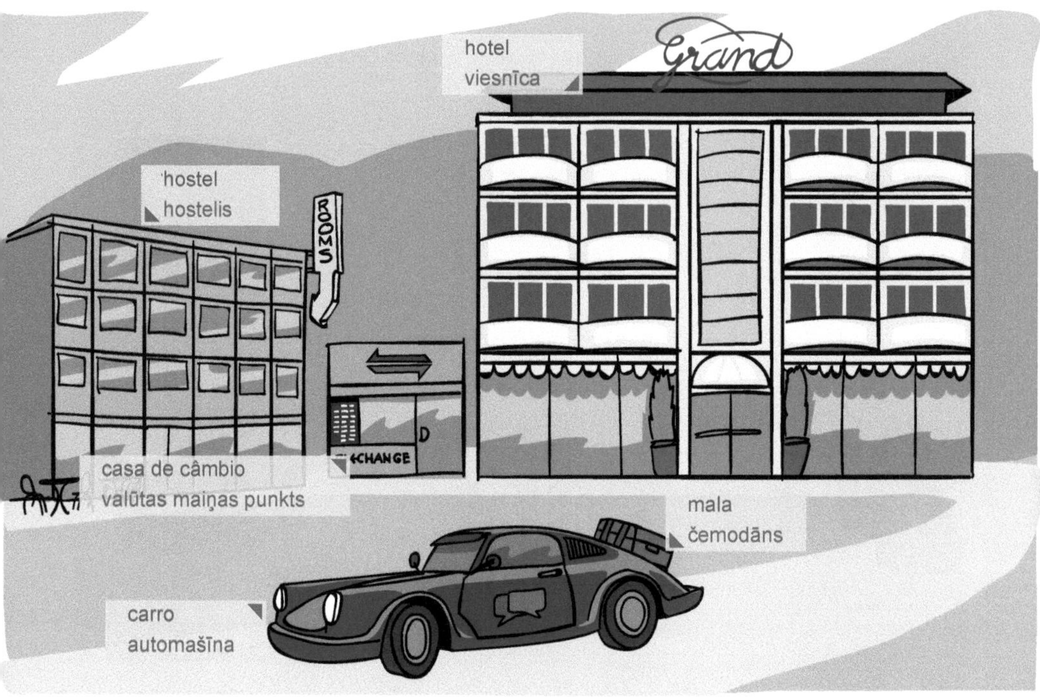

idioma

Valoda

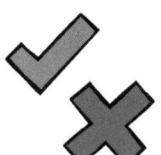

sim / não

jā / nē

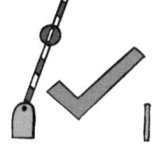

ok / certo / correto

Okay

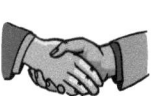

olá

Sveiki!

intérprete

tulks

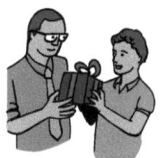

obrigado

paldies

quanto é que custa... ?

Cik maksā...?

não entendo

Es nesaprotu

problema

problēma

boa noite!

Labvakar!

Bom dia!

Labrīt!

Boa noite!

Ar labu nakti!

adeus

Uz redzēšanos

direção

virziens

bagagem

bagāža

saco

soma

mochila

mugursoma

convidado

viesis

quarto

istaba

saco-cama

guļammaiss

tenda

telts

informação turística

tūrisma informācija

praia

pludmale

cartão de crédito

kredītkarte

pequeno-almoço

brokastis

almoço

pusdienas

jantar

vakariņas

bilhete

biļete

elevador

lifts

selo postal

pastmarka

fronteira

robeža

alfândega

muita

embaixada

vēstniecība

visto

vīza

passaporte

pase

transporte
transports

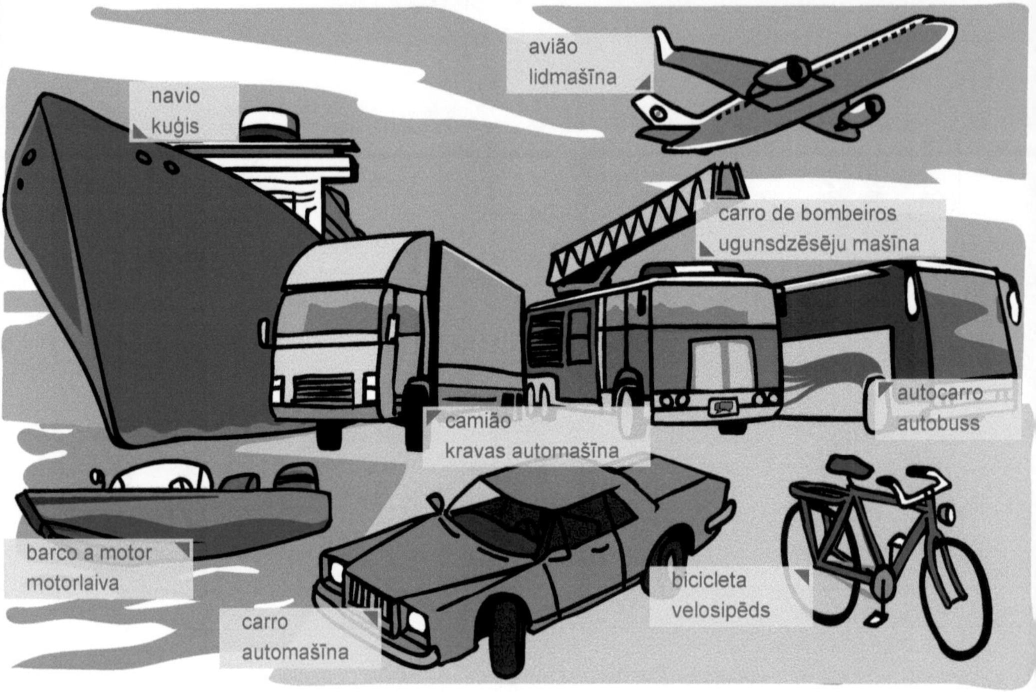

avião
lidmašīna
navio
kuģis
carro de bombeiros
ugunsdzēsēju mašīna
autocarro
autobuss
camião
kravas automašīna
barco a motor
motorlaiva
bicicleta
velosipēds
carro
automašīna

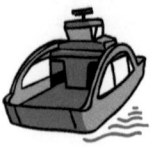

cacilheiro

prāmis

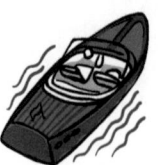

barco

laiva

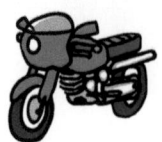

mota

motocikls

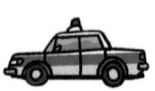

carro de polícia

policijas automašīna

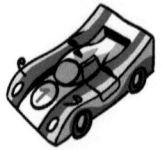

carro de corrida

sacīkšu automobilis

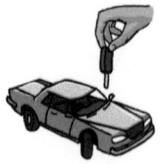

carro alugado

nomas auto

carsharing

auto koplietošana

camião de reboque

evakuators

camião do lixo

atkritumu mašīna

motor

dzinējs

combustível

benzīns

estação de serviço

degvielas uzpildes stacija

sinal de trânsito

ceļa zīme

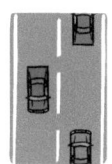

trânsito

satiksme

congestionamento de trânsito

sastrēgums

parque de estacionamento

stāvvieta

estação ferroviária

dzelzceļa stacija

carris

sliedes

comboio

vilciens

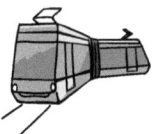

elétrico

tramvajs

carruagem

vagons

helicóptero

helikopters

aeroporto

lidosta

torre

tornis

passageiro

pasažieris

contentor

konteiners

caixa de papelão

kaste

carrinho

ratiņi

cesto

grozs

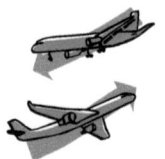

levantar voo / aterrar

pacelties / nosēsties

cidade

pilsēta

aldeia

ciems

centro da cidade

pilsētas centrs

casa

māja

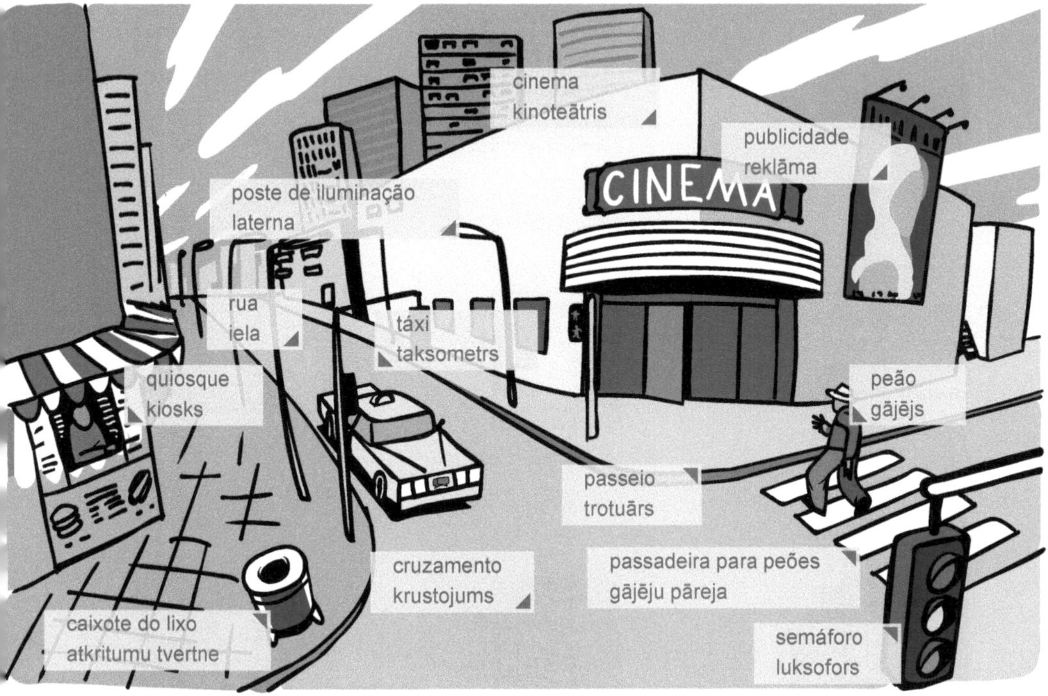

cinema
kinoteātris

publicidade
reklāma

poste de iluminação
laterna

CINEMA

rua
iela

táxi
taksometrs

quiosque
kiosks

peão
gājējs

passeio
trotuārs

cruzamento
krustojums

passadeira para peões
gājēju pāreja

caixote do lixo
atkritumu tvertne

semáforo
luksofors

cabana

būda

apartamento

dzīvoklis

estação ferroviária

dzelzceļa stacija

câmara municipal

rātsnams

museu

muzejs

escola

skola

cidade - pilsēta

universidade

universitāte

banco

banka

hospital

slimnīca

hotel

viesnīca

farmácia

aptieka

escritório

birojs

livraria

grāmatnīca

loja

veikals

florista

ziedu veikals

supermercado

lielveikals

mercado

tirgus

loja de departamentos

tirdzniecības centrs

peixaria

zivju tirgotājs

centro comercial

tirdzniecības centrs

porto

osta

cidade - pilsēta

parque

parks

banco

sols

ponte

tilts

escadas

kāpnes

metro

metro

túnel

tunelis

paragem de autocarro

autobusa pieturvieta

bar

bārs

restaurante

restorāns

caixa de correio

pastkastīte

sinal de trânsito

ielas nosaukuma plāksne

parquímetro

stāvlaika skaitītājs

jardim zoológico

zooloģiskais dārzs

piscina

peldbaseins

mesquita

mošeja

quinta

zemnieku saimniecība

poluição

vides piesārņojums

cemitério

kapsēta

igreja

baznīca

parque infantil

spēļu laukums

templo

templis

paisagem

ainava

folha
lapa

placa de sinalização
ceļrādis

caminho
ceļš

prado
pļava

pedra
akmens

árvore
koks

caminhantes
ceļotājs

rio
upe

relva
zāle

flor
puķe

vale

ieleja

montanha

kalns

lago

ezers

floresta

mežs

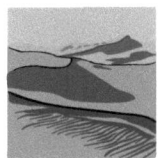

deserto

tuksnesis

vulcão

vulkāns

castelo

pils

arco-íris

varavīksne

cogumelo

sēne

palma

palma

mosquito

moskīts

mosca

muša

formiga

skudra

abelha

bite

aranha

zirneklis

besouro

vabole

sapo

varde

esquilo

vāvere

ouriço

ezis

lebre

zaķis

coruja

pūce

pássaro

putns

cisne

gulbis

javali

meža cūka

veado

briedis

alce

alnis

barragem

aizsprosts

turbina eólica

vēja ģenerators

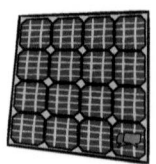

painel solar

saules baterija

clima

klimats

restaurante

restorāns

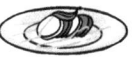

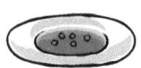

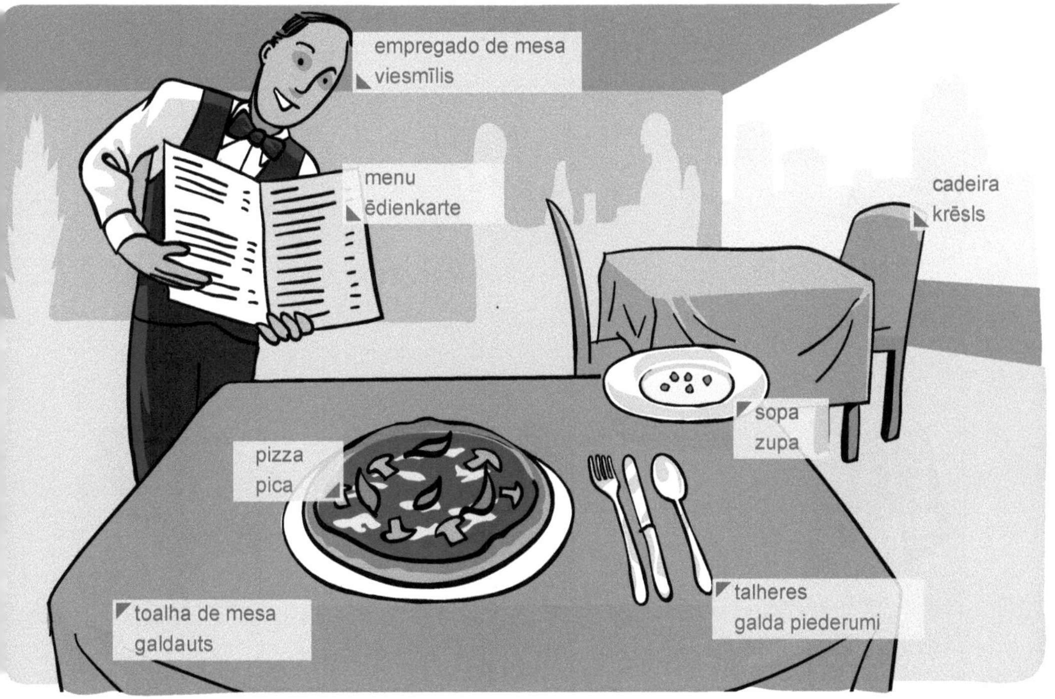
empregado de mesa
viesmīlis
menu
ēdienkarte
cadeira
krēsls
sopa
zupa
pizza
pica
talheres
galda piederumi
toalha de mesa
galdauts

entrada
uzkoda

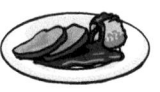

prato principal
pamatēdiens

sobremesa
deserts

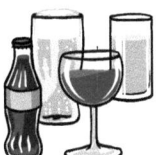

bebidas
dzērieni

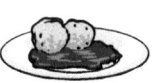

comida
ēdiens

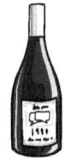

garrafa
pudele

fast food

ātrās uzkodas

comida de rua

ielu uzkodas

bule de chá

tējkanna

açucareiro

cukurtrauks

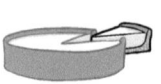

porção

porcija

máquina de café expresso

espresso kafijas automāts

cadeira alta

bāra krēsls

conta

rēķins

bandeja

paplāte

faca

nazis

garfo

dakša

colher

karote

colher de chá

tējkarote

guardanapo

salvete

copo

glāze

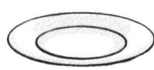

prato

škīvis

prato de sopa

zupas škīvis

pires

apakštase

molho

mērce

saleiro

sāls trauciņš

moinho de pimenta

piparu dzirnaviņas

vinagre

etiķis

óleo

eļļa

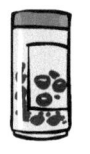

especiarias

garšvielas

ketchup

kečups

mostarda

sinepes

maionese

majonēze

supermercado

lielveikals

oferta especial
piedāvājums
FOR
cliente
klients
laticínios
piena produkti
fruta
augļi
carrinho de compras
iepirkumu ratiņi

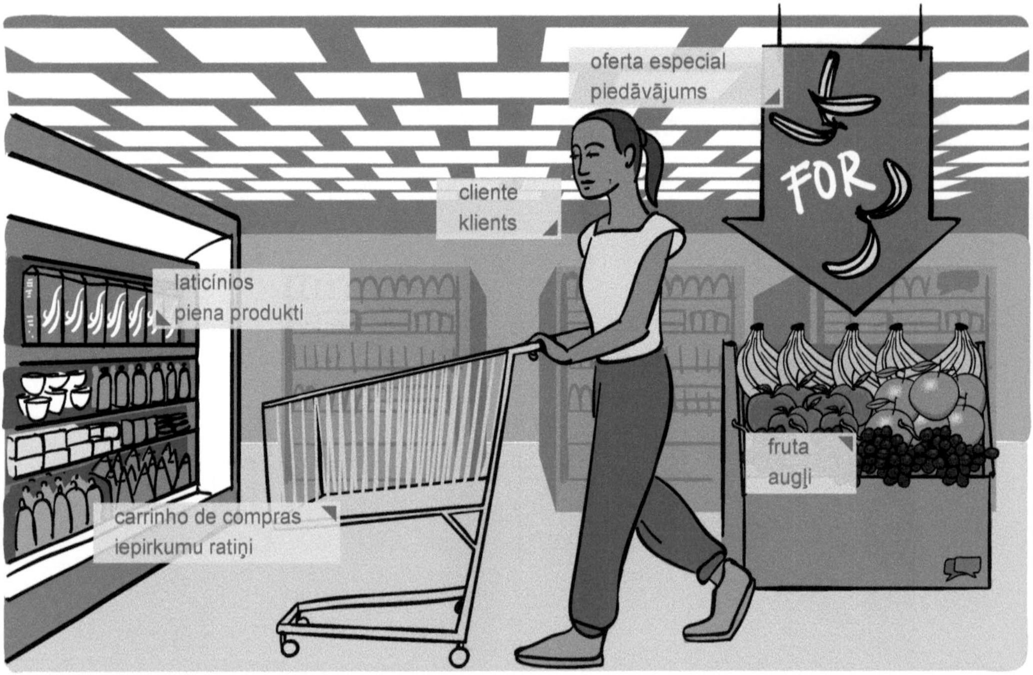

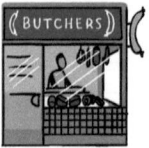

BUTCHERS

talho

kautuve

BAKERY

padaria

maizes veikals

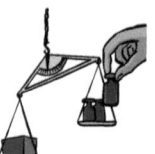

pesar

svērt

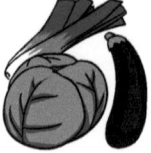

vegetais

dārzeņi

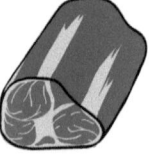

carne

gaļa

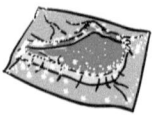

alimentos congelados

saldēti produkti

charcutaria

aukstās gaļas uzkodas

comida enlatada

konservi

detergente em pó

pulveris

doces

saldumi

artigos domésticos

mājsaimniecības preces

produtos de limpeza

tīrīšanas līdzeklis

vendedora

pārdevēja

caixa

kase

caixa

kasieris

lista de compras

iepirkumu saraksts

horário de funcionamento

darba laiks

carteira

maks

cartão de crédito

kredītkarte

saco

soma

saco de plástico

maisiņš

água

ūdens

sumo

sula

leite

piens

coca-cola

kola

vinho

vīns

cerveja

alus

álcool

alkohols

cacau

kakao

chá

tēja

café

kafija

café expresso

espresso

capuccino

kapučīno

banana

banāns

maçã

ābols

laranja

apelsīns

melão

melone

limão

citrons

cenoura

burkāns

alho

ķiploks

bambu

bambuss

cebola

sīpols

cogumelo

sēne

nozes

rieksti

talharim

makaroni

esparguete

spageti

arroz

rīsi

salada

salāti

batatas fritas

frī kartupeļi

batatas fritas

cepti kartupeļi

pizza

pica

hambúrguer

hamburgers

sanduíche

sviestmaize

bife panado

šnicele

fiambre

šķiņķis

salame

salami

salsicha

desa

galinha

vista

assado

cepetis

peixe

zivs

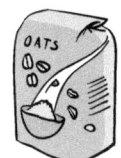

flocos de aveia

auzu pārslas

muesli

muslis

flocos de milho

brokastu pārslas

farinha

milti

croissant

radziņš

carcaça (pãozinho)

brokastu maizītes

pão

maize

torrada

tostermaize

biscoitos

cepumi

manteiga

sviests

requeijão

biezpiens

bolo

kūka

ovo

ola

ovo estrelado

cepta ola

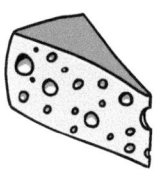

queijo

siers

gelado
....
saldējums

açúcar
....
cukurs

mel
....
medus

compota
....
marmelāde

creme de nougat
....
riekstu krēms

caril
....
karijs

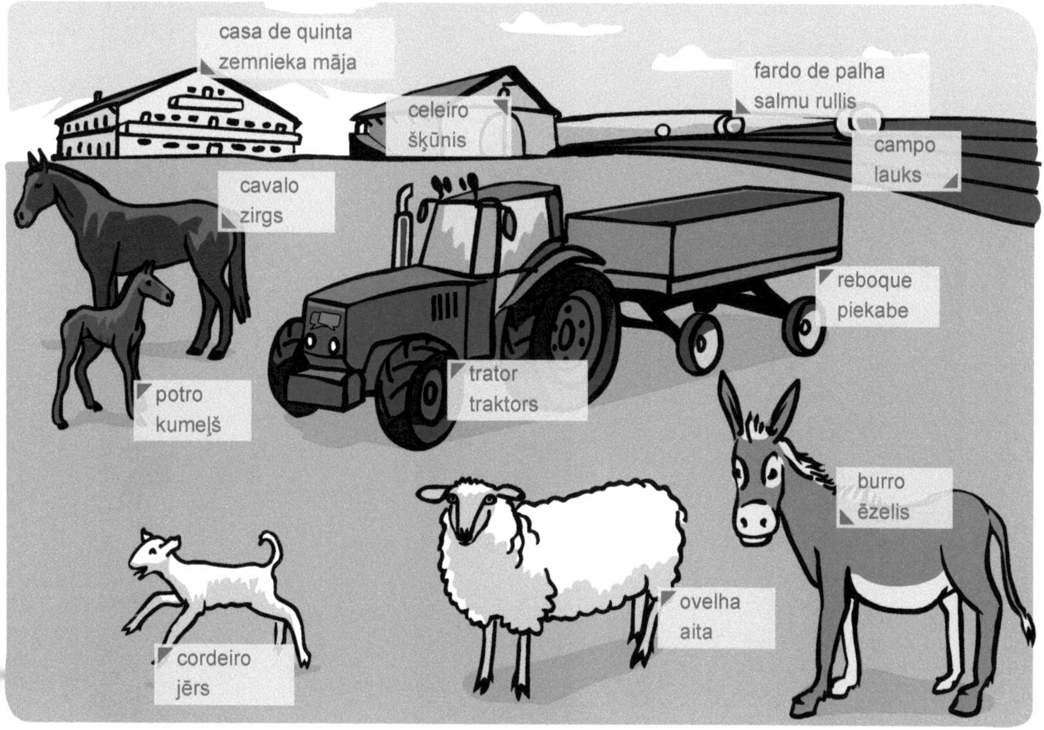

casa de quinta
zemnieka māja

celeiro
šķūnis

fardo de palha
salmu rullis

campo
lauks

cavalo
zirgs

reboque
piekabe

trator
traktors

potro
kumeļš

burro
ēzelis

cordeiro
jērs

ovelha
aita

cabra
....
kaza

vaca
....
govs

bezerro
....
teļš

porco
....
cūka

leitão
....
sivēns

touro
....
bullis

ganso
....
zoss

pato
....
pīle

pintaínho
....
cālis

galinha
....
vista

galo
....
gailis

ratazana
....
žurka

gato
....
kaķis

rato
....
pele

boi
....
vērsis

cão
....
suns

casota
....
suņa būda

mangueira de jardim
....
dārza šļūtene

regador
....
lejkanna

foice
....
izkapts

arado
....
arkls

foice

sirpis

enxada

kaplis

forquilha

mēslu dakša

machado

cirvis

carrinho de mão

ķerra

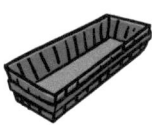

manjedoura

sile

jarro de leite

piena kanna

saco

maiss

cerca

žogs

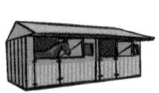

estábulo

kūts

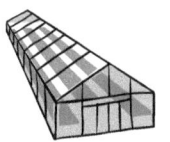

estufa

siltumnīca

solo

augsne

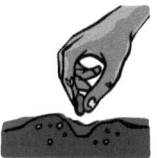

semente

sēklas

fertilizante

mēslojums

ceifeira-debulhadora

kombains

colher

novākt ražu

colheita

raža

inhame

jamss

trigo

kvieši

soja

soja

batata

kartupelis

milho

kukurūza

colza

rapsis

árvore de fruto

augļu koks

mandioca

manioka

cereais

labība

casa

māja

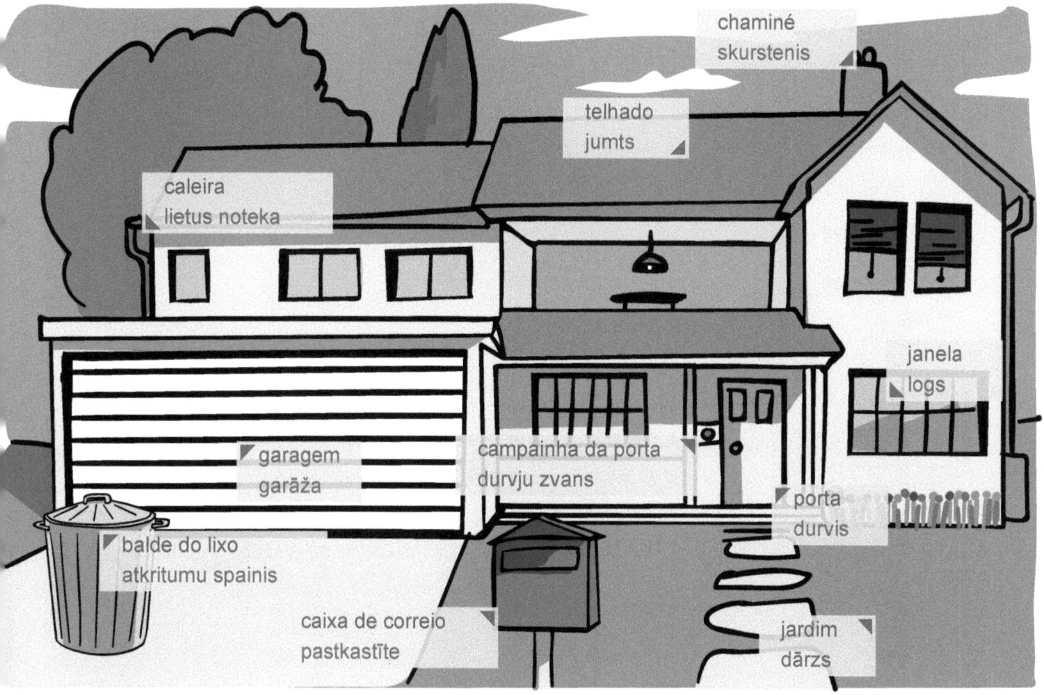

chaminé
skurstenis
telhado
jumts
caleira
lietus noteka
janela
logs
garagem
garāža
campainha da porta
durvju zvans
porta
durvis
balde do lixo
atkritumu spainis
caixa de correio
pastkastīte
jardim
dārzs

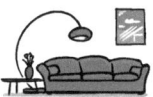

sala de estar

viesistaba

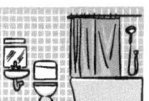

casa de banho

vannas istaba

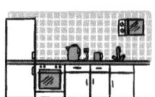

cozinha

virtuve

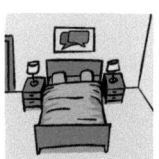

quarto de dormir

guļamistaba

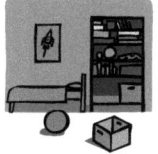

quarto de criança

bērnu istaba

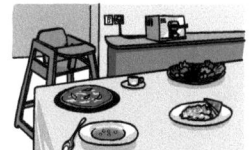

sala de jantar

ēdamistaba

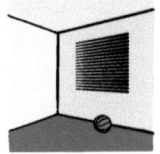

chão
grīda

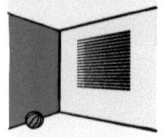

parede
siena

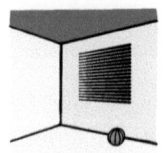

teto
griesti

cave
pagrabs

sauna
sauna

varanda
balkons

terraço
terase

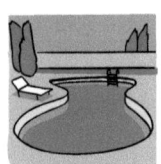

piscina
baseins

máquina de cortar relvado
zāles pļāvējs

lençol
gultas veļa

cobertor
sega

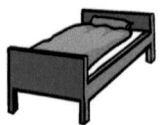

cama
gulta

vassoura
slota

balde
spainis

interruptor
slēdzis

sala de estar
viesistaba

papel de parede
tapetes
imagem
attēls
lâmpada
lampa
prateleira
plaukts
armário
skapis
televisão
televizors
lareira
kamīns
flor
puķe
almofada
spilvens
sofá
dīvāns
vaso
vāze
controlo remoto
tālvadības pults

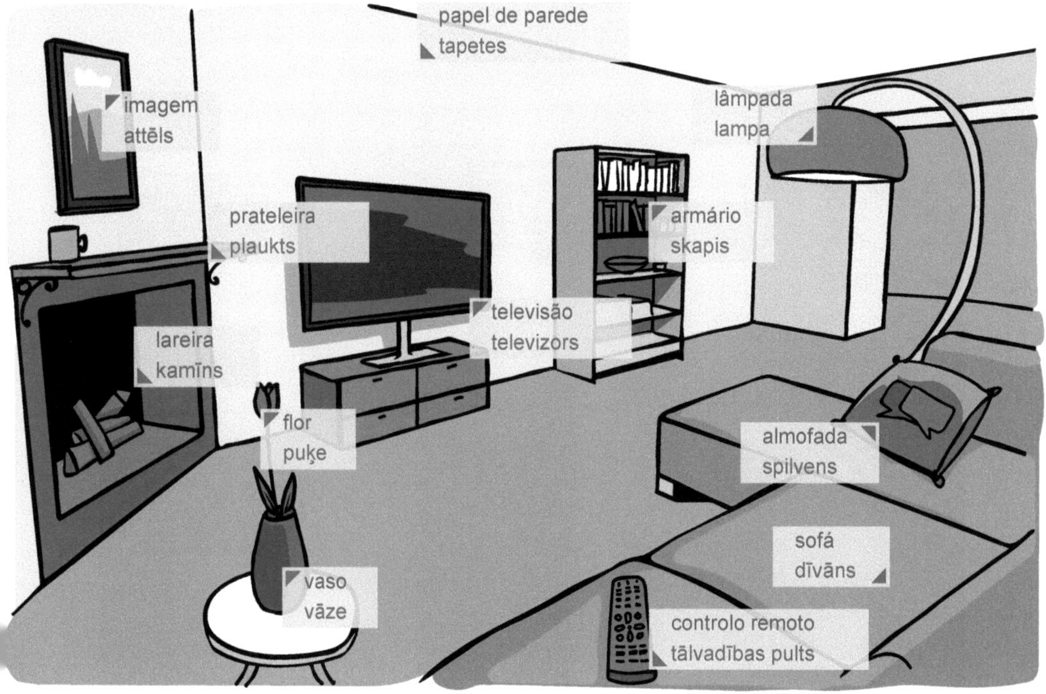

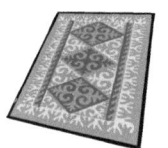

tapete

paklājs

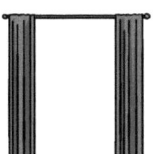

cortina

aizkars

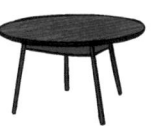

mesa

galds

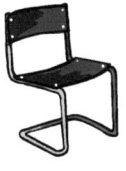

cadeira

krēsls

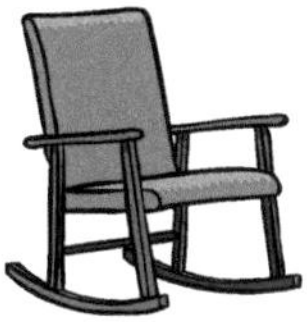

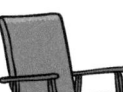

cadeira de baloiço

šūpuļkrēsls

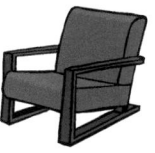

poltrona

atpūtas krēsls

livro

grāmata

cobertor

sega

decoração

dekorācija

lenha

malka

filme

filma

sistema estéreo

mūzikas centrs

chave

atslēga

jornal

avīze

pintura

glezna

póster

plakāts

rádio

radio

bloco de notas

pierakstu blociņš

aspirador

putekļu sūcējs

cato

kaktuss

vela

svece

cozinha
virtuve

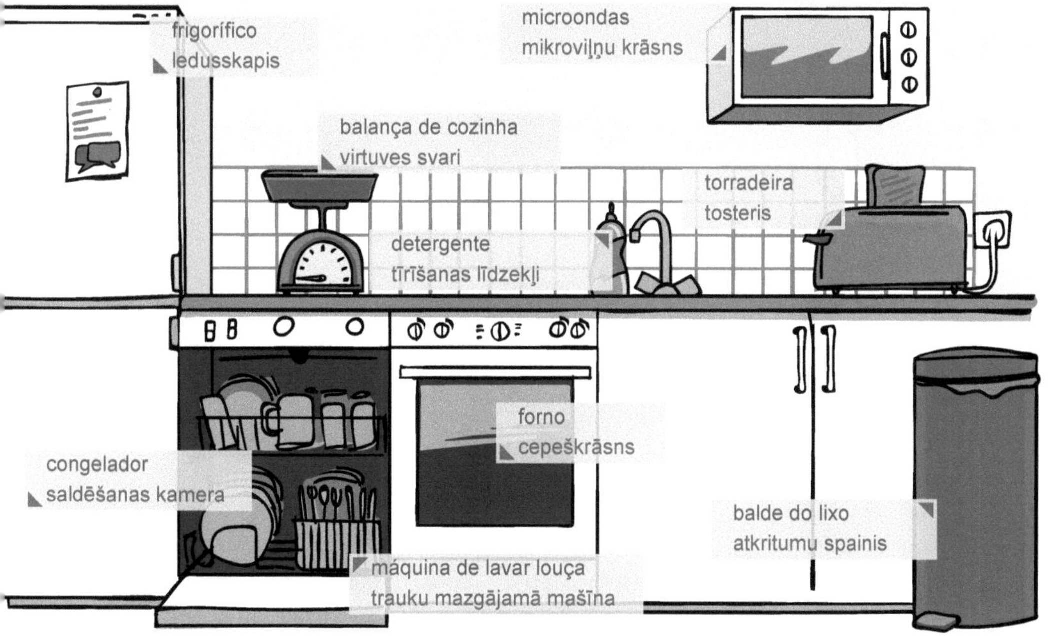

frigorífico
ledusskapis
microondas
mikroviļņu krāsns
balança de cozinha
virtuves svari
torradeira
tosteris
detergente
tīrīšanas līdzekļi
forno
cepeškrāsns
congelador
saldēšanas kamera
balde do lixo
atkritumu spainis
máquina de lavar louça
trauku mazgājamā mašīna

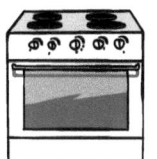

fogão

plīts

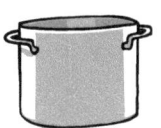

panela

pods

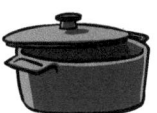

panela de ferro

katls

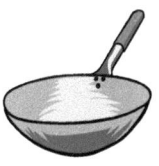

wok / kadai

Wok panna

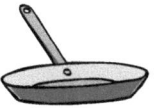

frigideira

panna

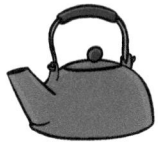

chaleira

elektriskā tējkanna

panela a vapor

tvaika katls

tabuleiro de forno

cepešpanna

louça

trauki

caneca

krūze

tigela

bļoda

pauzinhos

irbulīši

concha de sopa

kauss

espátula

lāpstiņa

batedor de claras

putošanas slotiņa

escorredor

sietiņš

peneira

siets

ralador

rīve

almofariz

piesta

churrasqueira

grilēt

lareira

atklāts pavards

tábua de cortar

dēlis

rolo da massa

mīklas rullis

saca-rolhas

korķu viļķis

lata

bundža

abridor de latas

konservu nazis

luvas de forno

virtuves cimdi

lava-loiça

izlietne

escova

birste

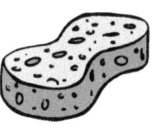

esponja

sūklis

liquidificador

mikseris

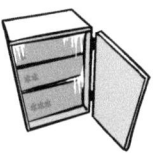

arca frigorífica

saldētava

biberão

bērna pudelīte

torneira

ūdenskrāns

casa de banho

vannas istaba

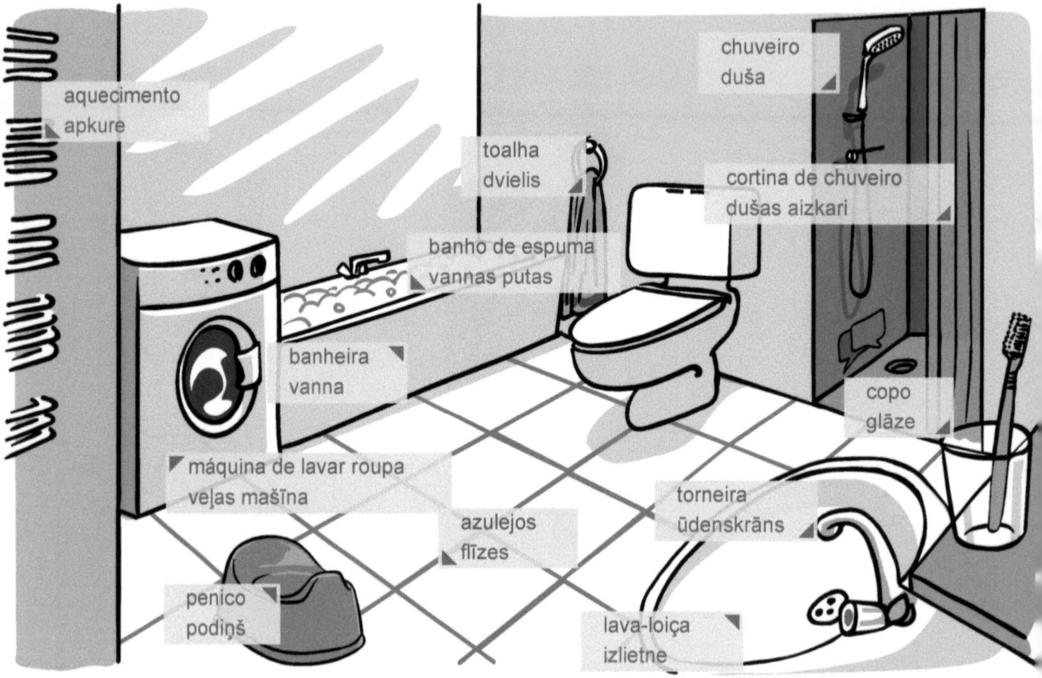

aquecimento
apkure
toalha
dvielis
chuveiro
duša
cortina de chuveiro
dušas aizkari
banho de espuma
vannas putas
banheira
vanna
copo
glāze
máquina de lavar roupa
veļas mašīna
torneira
ūdenskrāns
azulejos
flīzes
penico
podiņš
lava-loiça
izlietne

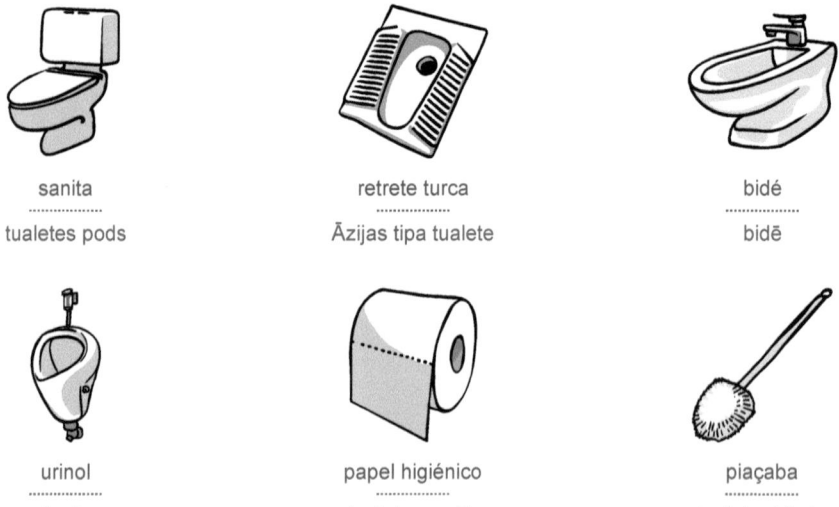

sanita

tualetes pods

retrete turca

Āzijas tipa tualete

bidé

bidē

urinol

pisuārs

papel higiénico

tualetes papīs

piaçaba

tualetes birste

escova de dentes

zobu birste

pasta de dentes

zobu pasta

fio dentário

zobu diegs

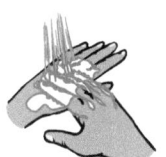

lavar

mazgāt

chuveiro de mão

rokas duša

duche íntimo

duša

bacia

bļoda

escova para as costas

muguras mazgāšanas birste

sabonete

ziepes

gel de banho

dušas želeja

champô

šampūns

toalha de rosto

mazgāšanas drāna

escoamento

noteka

creme

krēms

desodorizante

dezodorants

espelho

spogulis

espelho de mão

spogulītis

máquina de barbear

skuveklis

creme de barbear

skūšanās putas

loção pós-barba

losjons pēc skūšanās

pente

ķemme

escova

matu suka

secador de cabelo

matu fēns

spray de cabelo

matu laka

maquilhagem

grima komplekts

batom

lūpu krāsa

verniz de unhas

nagulaka

algodão

vate

tesoura para unhas

šķērītes

perfume

smaržas

nécessaire

kosmētikas maks

tamborete

ķeblītis

balança

svari

roupão de banho

halāts

luvas de borracha

tīrīšanas cimdi

tampão

tampons

penso higiénico

pakete

WC químico

ķīmiskā tualete

quarto de criança
bērnu istaba

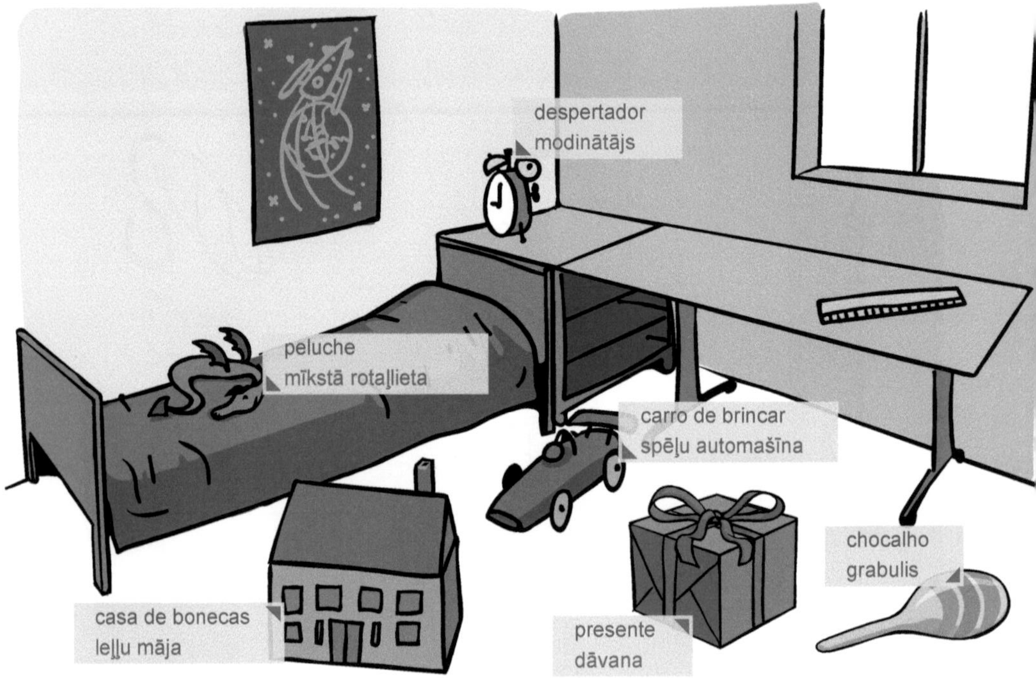

despertador
modinātājs
peluche
mīkstā rotaļlieta
carro de brincar
spēļu automašīna
chocalho
grabulis
casa de bonecas
leļļu māja
presente
dāvana

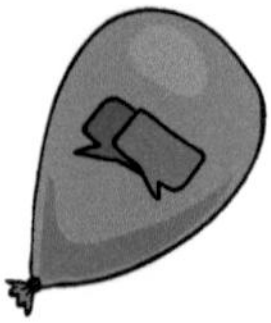

balão

balons

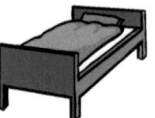

cama

gulta

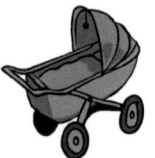

carrinho de bebé

bērnu ratiņi

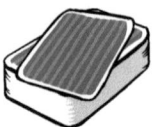

jogo de cartas

kārtis

quebra-cabeças

puzle

SUPER
MEGA

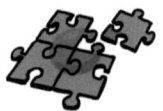

banda desenhada

komikss

peças de Lego

LEGO klucīši

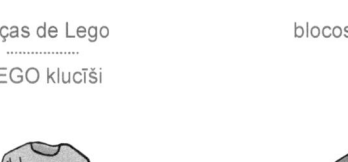

blocos de construção

klucīši

figura de ação

varoņu figūra

fato de bebé

rāpulītis

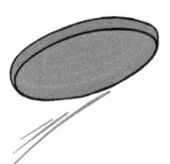

Frisbee

lidojošais šķīvītis

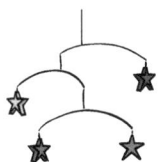

móbile para bebé

muzikālais karuselis

jogo de tabuleiro

galda spēle

dados

metamais kauliņš

pista de comboio elétrico

rotaļu dzelzceļš

chupeta

māneklis

festa

ballīte

livro ilustrado

bilžu grāmata

bola

bumba

boneca

lelle

jogar

spēlēt

caixa de areia

smilšu kaste

baloiço

šūpoles

brinquedos

rotaļlietas

consola de jogos

spēļu konsole

triciclo

trīsritenis

ursinho de peluche

plīša lācītis

guarda-roupa

drēbju skapis

vestuário
apģērbs

meias

īszeķes

meias pelo joelho

zeķes

meias-calças

zeķbikses

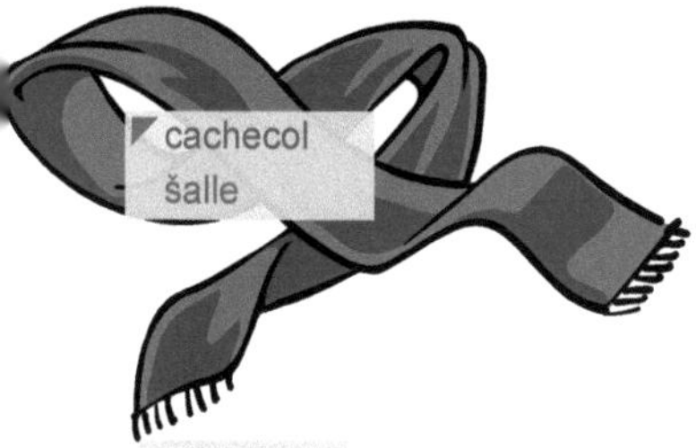

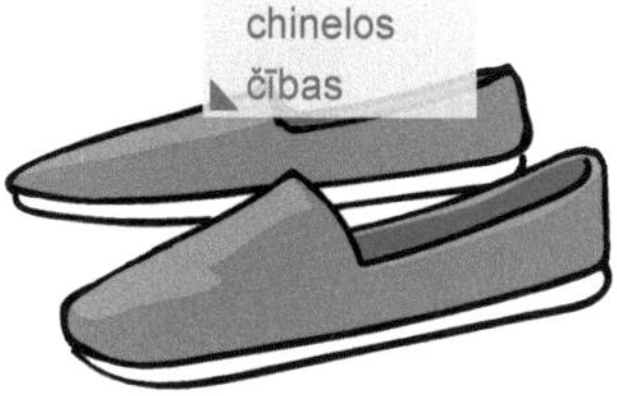

cachecol
šalle

guarda-chuva
lietussargs

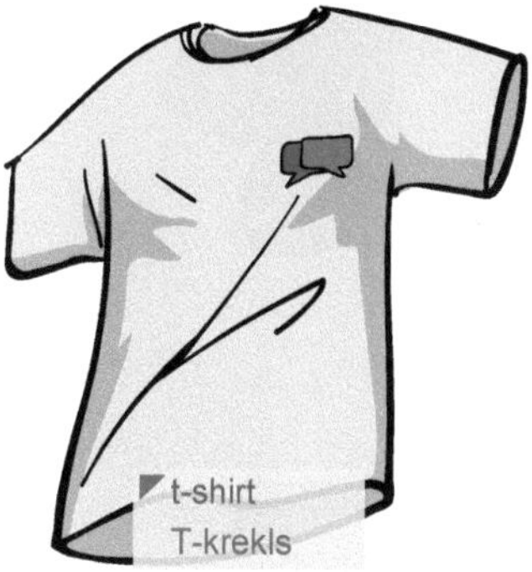

t-shirt
T-krekls

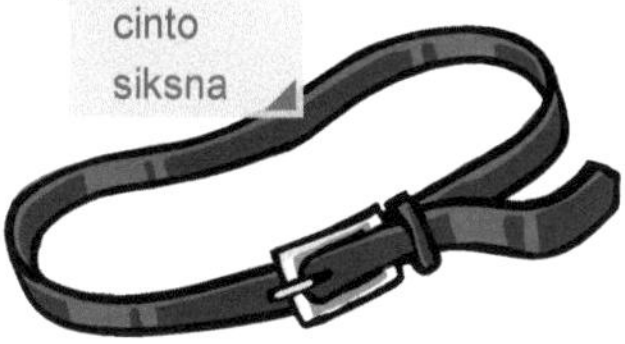

cinto
siksna

botas
zābaks

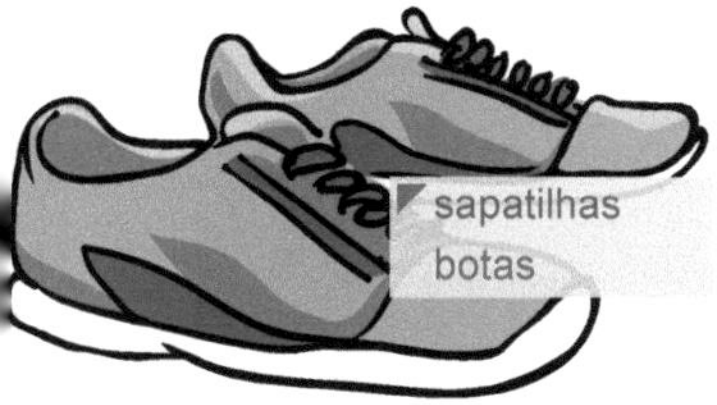

chinelos
čības

sapatilhas
botas

sandálias

sandales

sapatos

kurpes

botas de borracha

gumijas zābaki

cuecas

apakšbikses

sutiã

krūšturis

camisola interior

apakškrekls

body

bodijs

calças

bikses

calças de ganga

džinsi

saia

svārki

blusa

blūze

camisa

krekls

pulôver

pulovers

camisola com capuz

džemperis

blazer

žakete

casaco

jaka

manto

mētelis

gabardina

lietus mētelis

traje

kostīms

vestido

kleita

vestido de casamento

kāzu kleita

fato

uzvalks

camisa de dormir

naktskrekls

pijama

pidžama

sari

sari

lenço de cabeça

lakats

turbante

turbāns

burca

burka

cafetã

kaftāns

abaya

abaja

fato de banho

peldkostīms

calções de banho

peldbikses

calções

šorti

fato de treino

treniņtērps

avental

priekšauts

luvas

cimdi

botão

poga

óculos

brilles

pulseira

rokassprādze

colar

kaklarota

anel

gredzens

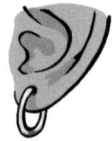

brinco

auskars

boné

cepure

cabide

drēbju pakaramais

chapéu

platmale

gravata

kaklasaite

fecho de correr

rāvējslēdzējs

capacete

ķivere

suspensórios

bikšturi

uniforme escolar

skolas forma

uniforme

uniforma

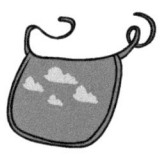

babete

priekšautiņš

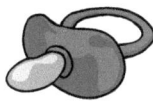

chupeta

māneklis

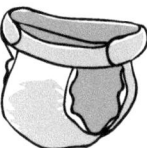

fralda

autiņbiksītes

escritório
birojs

servidor
serveris
armário de arquivo
dokumentu skapis
papel
papīrs
impressora
printeris
ecrã
monitors
secretária
rakstāmgalds
rato
pele
pasta
dokumentu vāki
teclado
klaviatūra
cesto de lixo
papīrgrozs
computador
dators
cadeira
krēsls

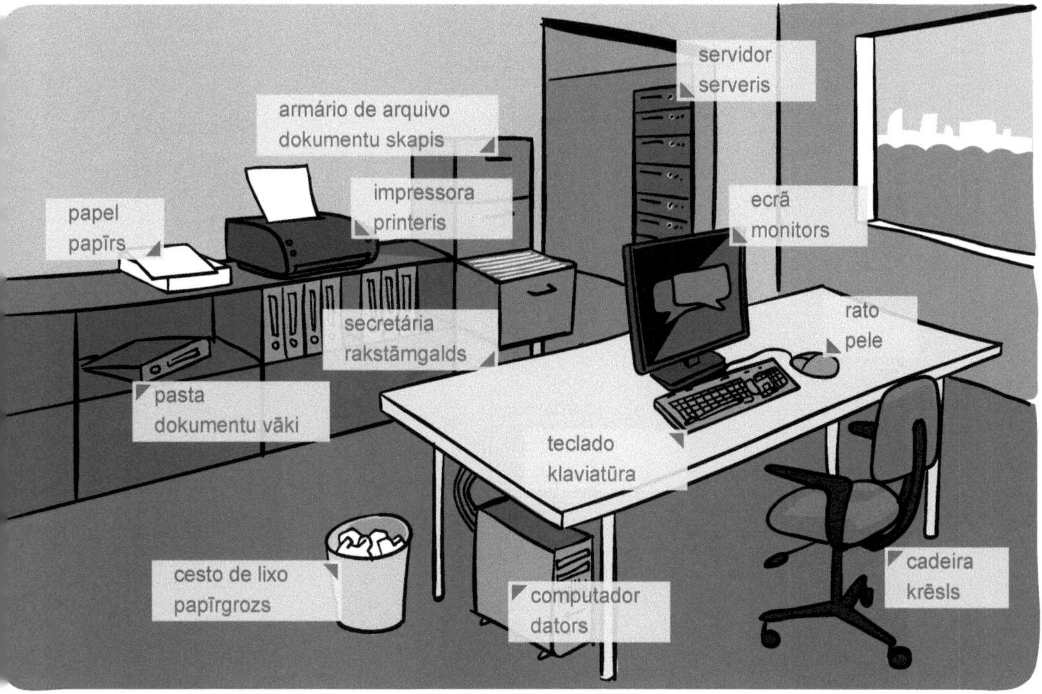

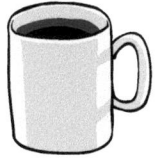

caneca de café

kafijas krūze

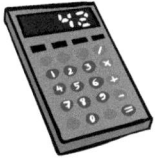

calculadora

kalkulators

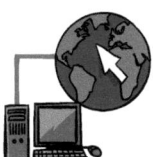

internet

internets

computador portátil

portatīvais dators

carta

vēstule

mensagem

ziņa

telemóvel

mobilais tālrunis

rede

tīkls

fotocopiadora

kopētājs

software

programmatūra

telefone

telefons

tomada elétrica

rozete

fax

faksa aparāts

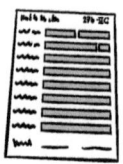

formulário

formulārs

documento

dokuments

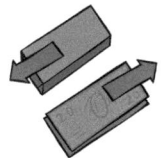

comprar

pirkt

pagar

samaksāt

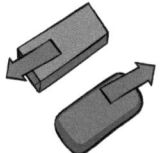

negociar

tirgot

dinheiro

nauda

dólar

dolārs

euro

eiro

yen

jēna

rublo

rublis

franco suíço

franks

renminbi yuan

juaņa renminbi

rupia

rūpija

caixa de multibanco

bankomāts

casa de câmbio

valūtas maiņas punkts

ouro

zelts

prata

sudrabs

petróleo

nafta

energia

enerģija

preço

cena

contrato

līgums

imposto

nodoklis

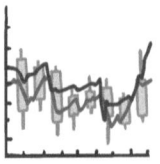

ação

akcija

trabalhar

strādāt

empregado

darbinieks

entidade patronal

darba devējs

fábrica

fabrika

loja

veikals

profissões
profesijas

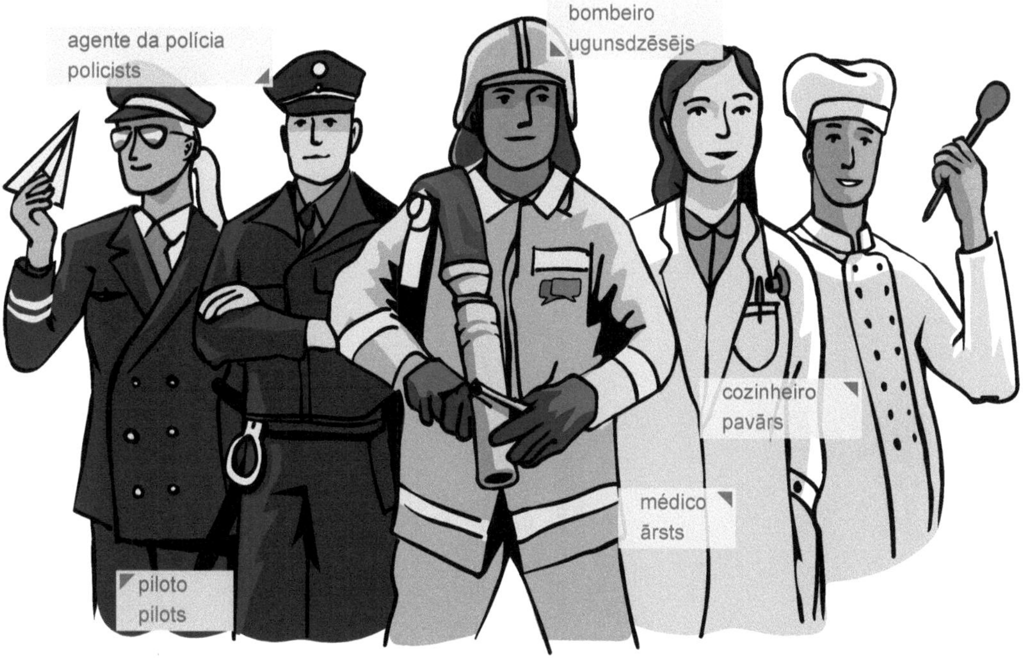

agente da polícia
policists
bombeiro
ugunsdzēsējs
cozinheiro
pavārs
médico
ārsts
piloto
pilots

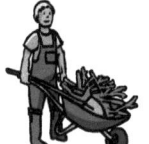

jardineiro

dārznieks

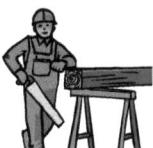

carpinteiro

galdnieks

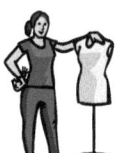

costureira

šuvēja

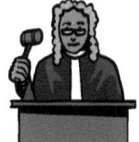

juiz

tiesnesis

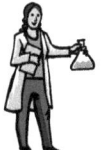

químico

ķīmiķis

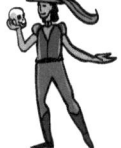

ator

aktieris

motorista de autocarro

autobusa vadītājs

motorista de táxi

taksometra vadītājs

pescador

zvejnieks

empregada de limpeza

apkopēja

telhador

jumiķis

empregado de mesa

viesmīlis

caçador

mednieks

pintor

gleznotājs

padeiro

maiznieks

eletricista

elektriķis

construtor

celtnieks

engenheiro

inženieris

talhante

miesnieks

canalizador

skārdnieks

carteiro

pastnieks

soldado

karavīrs

arquiteto

arhitekts

caixa

kasieris

florista

florists

cabeleireiro

frizieris

controlador de bilhetes

konduktors

mecânico

mehāniķis

capitão

kapteinis

dentista

zobārsts

cientista

zinātnieks

rabino

rabīns

imã

imāms

monge

mūks

pastor

mācītājs

ferramentas
instrumenti

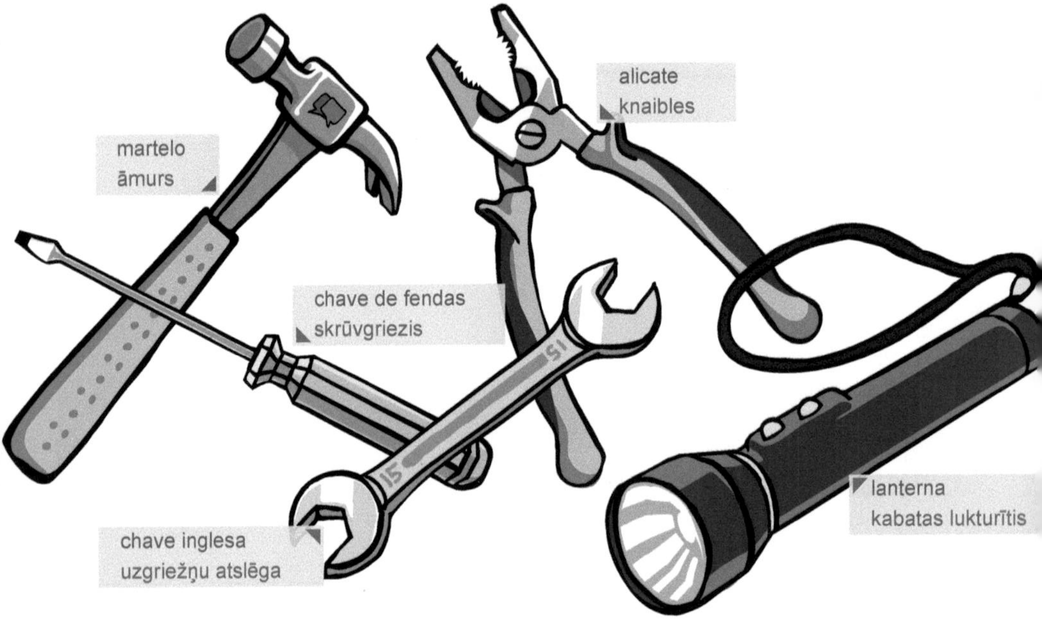
martelo
āmurs
alicate
knaibles
chave de fendas
skrūvgriezis
chave inglesa
uzgriežņu atslēga
lanterna
kabatas lukturītis

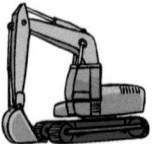

escavadora

ekskavators

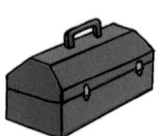

caixa de ferramentas

instrumentu kaste

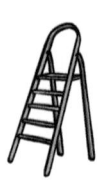

escadote

kāpnes

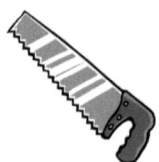

serra

zāģis

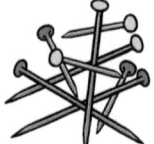

pregos

naglas

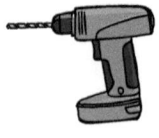

broca

urbis

reparar

remontēt

pá

lāpsta

porcaria!

Velns!

pá de lixo

liekšķere

pote de tinta

krāsas bundža

parafusos

skrūves

instrumentos musicais
mūzikas instrumenti

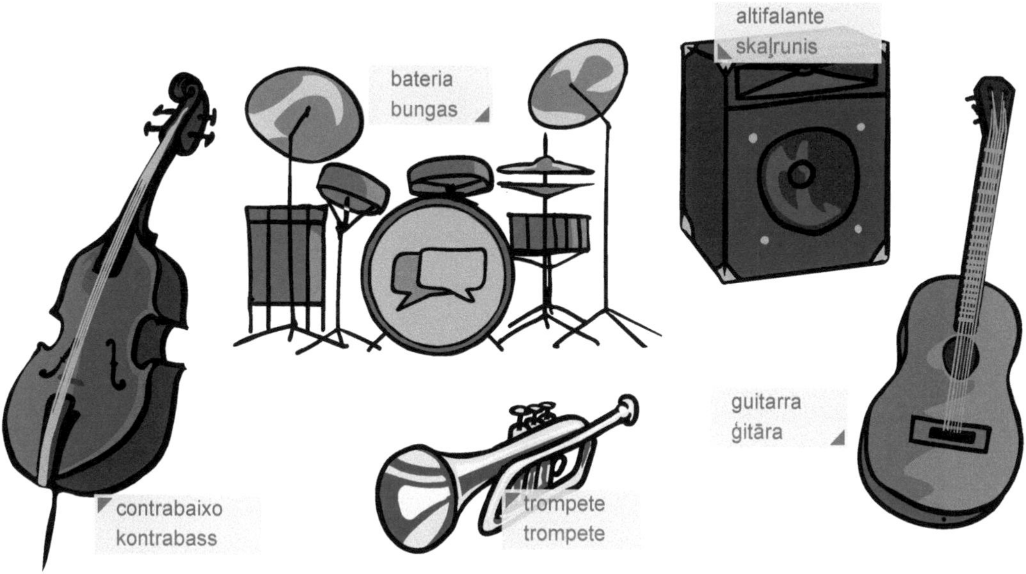

altifalante
skaļrunis

bateria
bungas

guitarra
ģitāra

contrabaixo
kontrabass

trompete
trompete

piano

klavieres

violino

vijole

baixo

bass

timbales

timpāni

tambor

bungas

teclado

digitālās klavieres

saxofone

saksofons

flauta

flauta

microfone

mikrofons

jardim zoológico
zooloģiskais dārzs

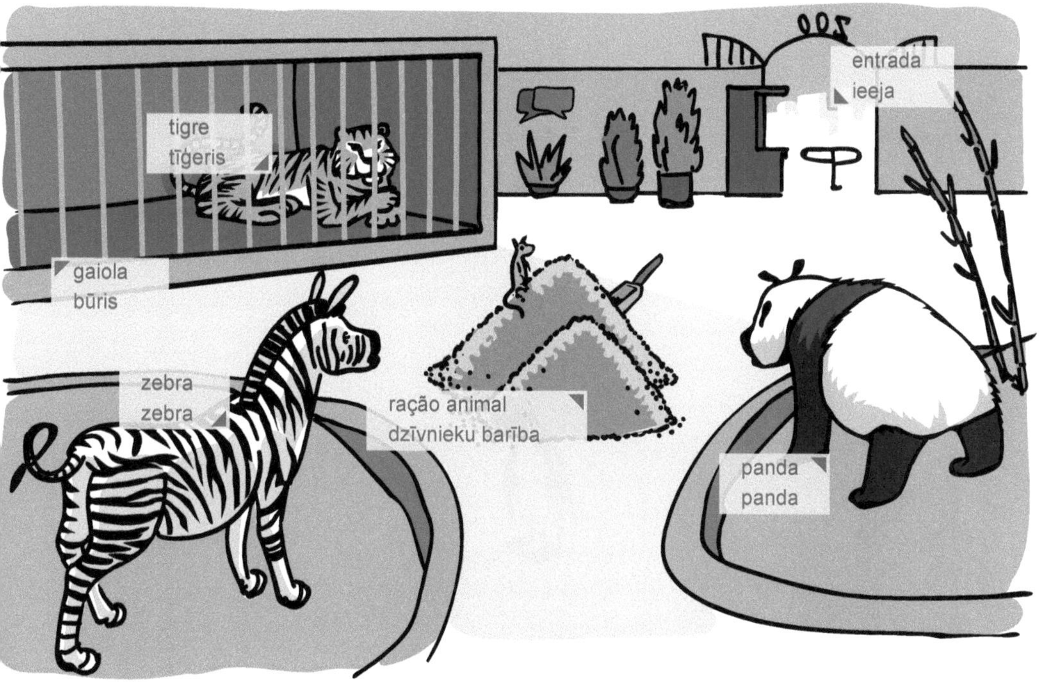

tigre
tīģeris
entrada
ieeja
gaiola
būris
zebra
zebra
ração animal
dzīvnieku barība
panda
panda

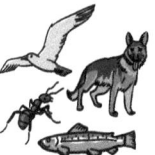

animais
dzīvnieki

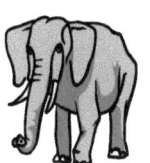

elefante
zilonis

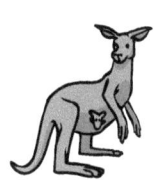

canguru
ķengurs

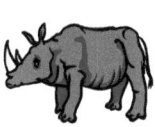

rinoceronte
degunradzis

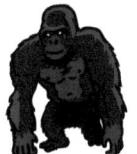

gorila
gorilla

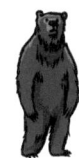

urso
lācis

camelo

kamielis

avestruz

strauss

leão

lauva

macaco

pērtiķis

flamingo

flamings

papagaio

papagailis

urso polar

polārlācis

pinguim

pingvīns

tubarão

haizivs

pavão

pāvs

cobra

čūska

crocodilo

krokodils

guarda do jardim zoológico

zoodārza sargs

foca

ronis

jaguar

jaguārs

pónei

ponijs

leopardo

leopards

hipopótamo

nīlzirgs

girafa

žirafe

águia

ērglis

javali

meža cūka

peixe

zivs

tartaruga

bruņurupucis

morsa

valzirgs

raposa

lapsa

gazela

gazele

desporto
sports

futebol americano
amerikāņu futbols

ciclismo
riteņbraukšana

ténis
teniss

basquetebol
basketbols

natação
peldēšana

boxe
bokss

hóquei no gelo
hokejs

futebol
futbols

badminton
badmintons

atletismo
vieglatlētika

andebol
rokas bumba

esqui
slēpošana

polo
polo

atividades
darbības

rir
smieties
saltar
lēkt
abraçar
apskaut
andar
iet
cantar
dziedāt
sonhar
sapņot
rezar
lūgt
beijar
skūpstīt

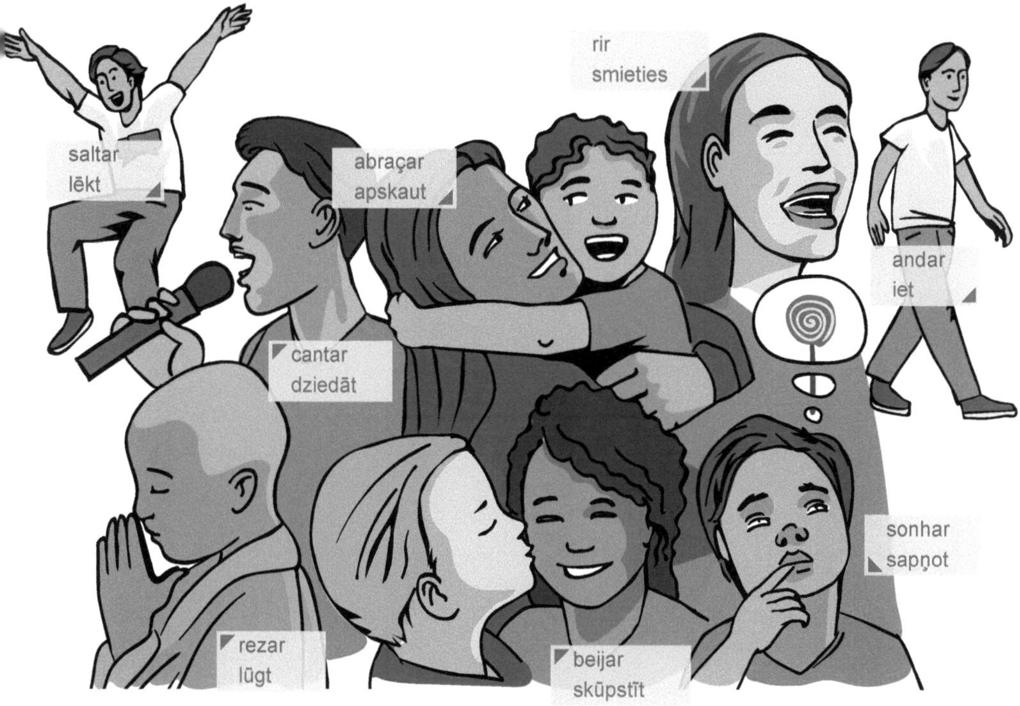

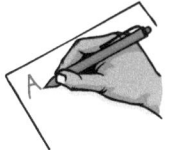

escrever

rakstīt

desenhar

zīmēt

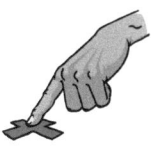

mostrar

rādīt

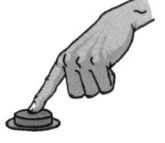

empurrar

spiest

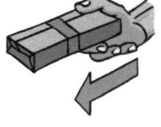

dar

dot

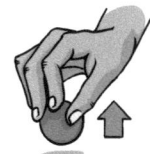

tomar

ņemt

ter
....
būt

fazer
....
darīt

ser
....
būt

ficar de pé
....
stāvēt

correr
....
skriet

puxar
....
vilkt

remessar
....
mest

cair
....
krist

deitar
....
gulēt

esperar
....
gaidīt

carregar
....
nest

sentar
....
sēdēt

vestir
....
uzģērbt

dormir
....
gulēt

acordar
....
pamosties

olhar para

skatīties

chorar

raudāt

acariciar

glāstīt

pentear

ķemmēt

falar

runāt

compreender

saprast

perguntar

jautāt

ouvir

dzirdēt

beber

dzert

comer

ēst

arrumar

sakārtot

amar

mīlēt

cozinhar

vārīt

conduzir

braukt

voar

lidot

atividades - darbības   65

velejar

burot

calcular

rēķināt

ler

lasīt

aprender

mācīties

trabalhar

strādāt

casar

precēties

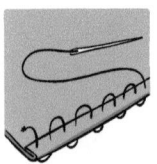

costurar

šūt

escovar os dentes

tīrīt zobus

matar

nogalināt

fumar

smēķēt

enviar

sūtīt

família
ģimene

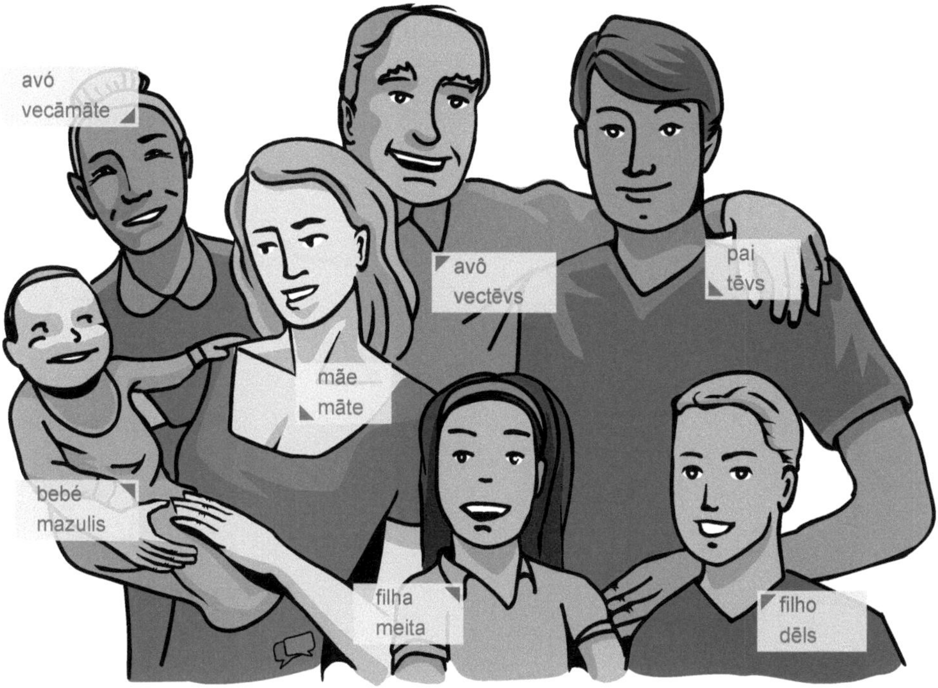
avó
vecāmāte
avô
vectēvs
pai
tēvs
mãe
māte
bebé
mazulis
filha
meita
filho
dēls

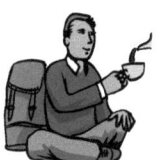

convidado

viesis

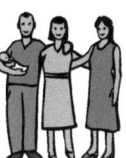

tia

tante

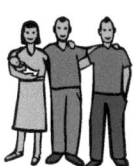

tio

onkulis

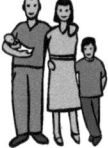

irmão

brālis

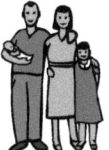

irmã

māsa

corpo

ķermenis

testa
piere
olho
acs
ombro
plecs
dedo
pirksts
cara
seja
queixo
zods
mão
roka
perna
kāja
peito
krūtis
braço
roka

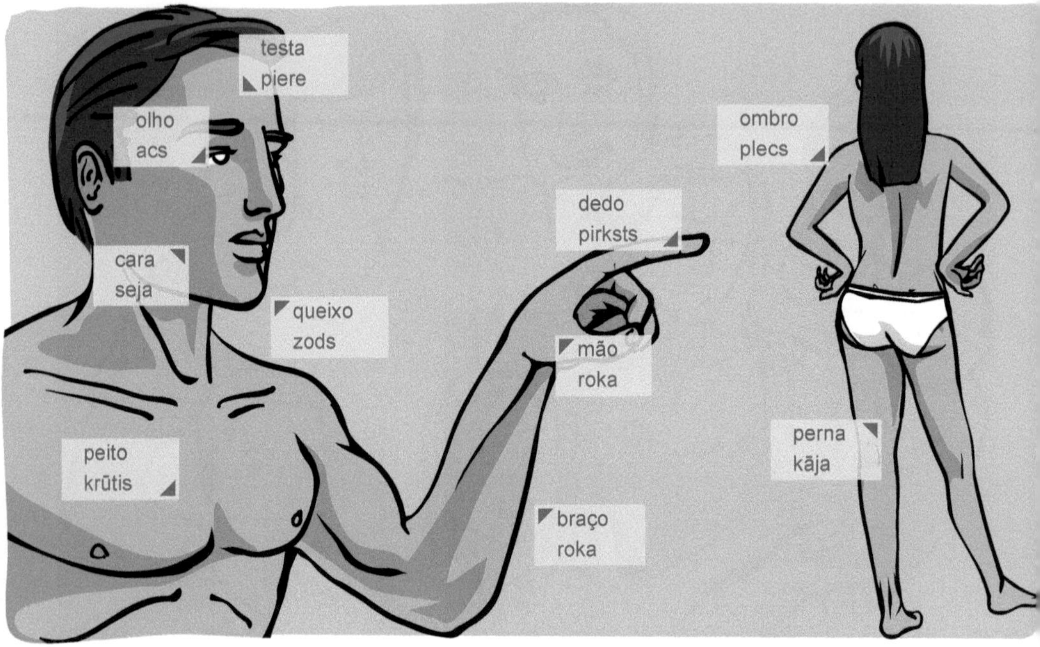

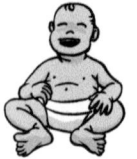

bebé

mazulis

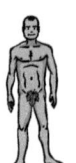

homem

vīrietis

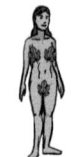

mulher

sieviete

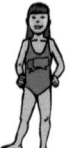

menina

meitene

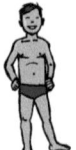

menino

zēns

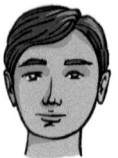

cabeça

galva

costas

mugura

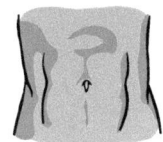

barriga

vēders

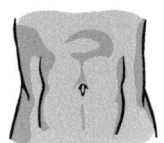

umbigo

naba

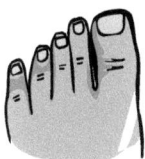

dedo do pé

kājas pirksts

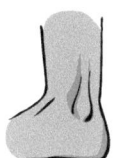

calcanhar

papēdis

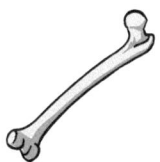

osso

kauls

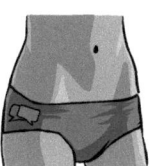

anca

gurns

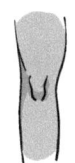

joelho

celis

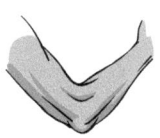

cotovelo

elkonis

nariz

deguns

nádegas

dibens

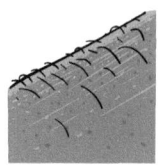

pele

āda

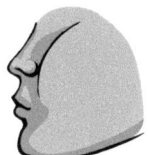

bochecha

vaigs

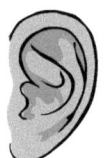

orelha

auss

lábio

lūpa

boca

mute

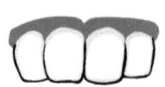

dente

zobs

língua

mēle

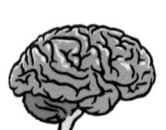

cérebro

smadzenes

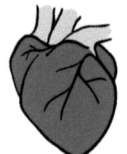

coração

sirds

músculo

muskulis

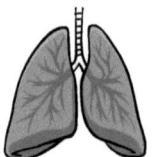

pulmão

plaušas

fígado

aknas

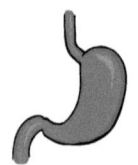

estômago

kuņģis

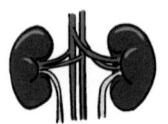

rins

nieres

relações sexuais

dzimumakts

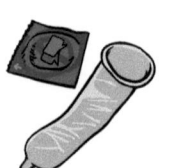

preservativo

kondoms

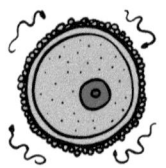

óvulo

olšūna

esperma

sperma

gravidez

grūtniecība

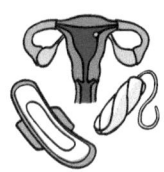

menstruação
menstruācijas

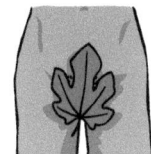

vagina
vagīna

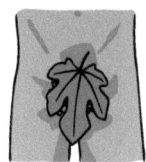

pénis
penis

sobrancelha
uzacs

cabelo
mati

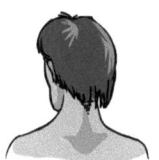

pescoço
kakls

hospital
slimnīca

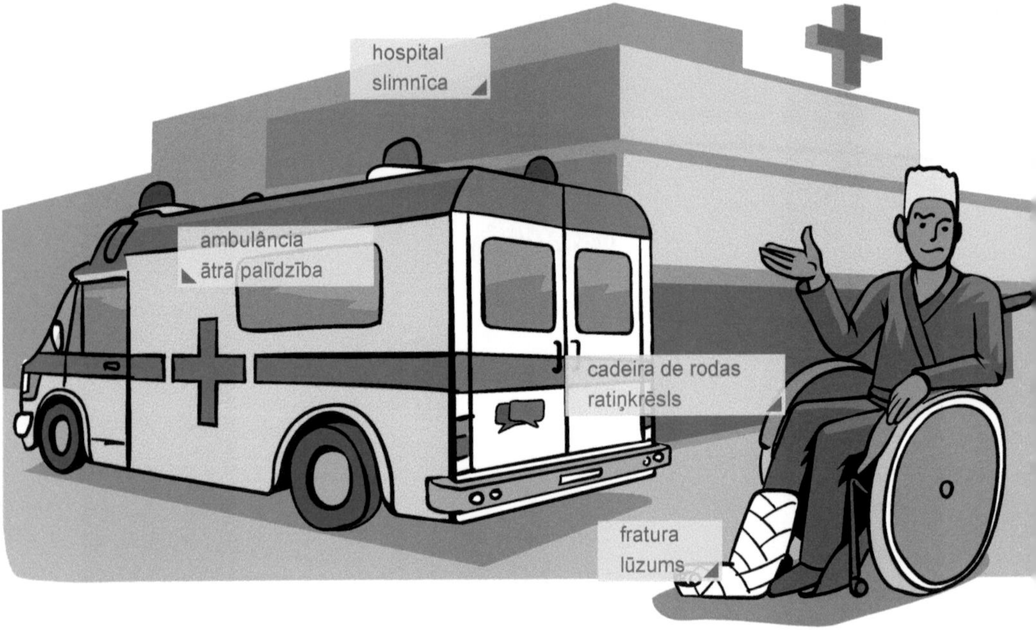

hospital
slimnīca
ambulância
ātrā palīdzība
cadeira de rodas
ratiņkrēsls
fratura
lūzums

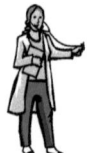

médico

ārsts

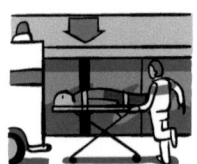

serviço de urgências

neatliekamās palīdzības nodaļa

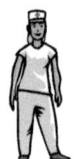

enfermeira

medmāsa

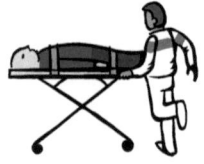

emergência

ārkārtas gadījums

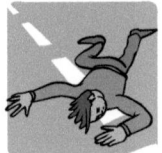

inconsciente

paģībis

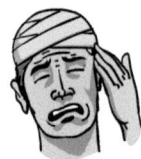

dor

sāpes

ferimento

ievainojums

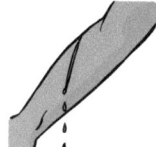

hemorragia

asiņošana

ataque cardíaco

sirdslēkme

acidente vascular cerebral

insults

alergia

alerģija

tosse

klepus

febre

temperatūra

gripe

gripa

diarreia

caureja

dor de cabeça

galvassāpes

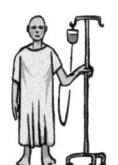

cancro

vēzis

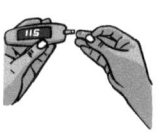

diabetes

diabēts

cirurgião

ķirurgs

bisturi

skalpelis

operação

operācija

CT

datortomogrāfija

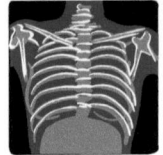

raio x

rentgents

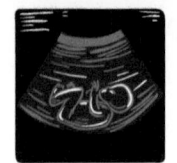

ultrassom

ultraskaņa

máscara

sejas maska

doença

slimība

sala de espera

uzgaidāmā telpa

muleta

kruķis

penso rápido

plāksteris

ligadura

apsējs

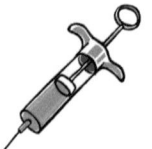

injeção

injekcija

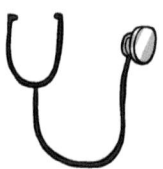

estetoscópio

stetoskops

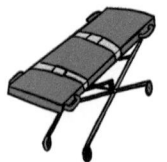

maca

nestuves

termómetro

termometrs

nascimento

dzemdības

excesso de peso

liekais svars

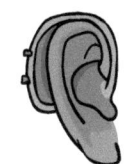

aparelho auditivo

dzirdes aparāts

desinfetante

dezinfekcijas līdzeklis

infeção

infekcija

vírus

vīruss

HIV / SIDA

HIV / AIDS

medicamento

zāles

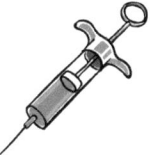

vacinação

pote

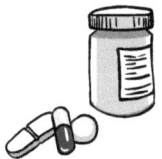

comprimidos

tabletes

pílula

pretapaugļošanās tablete

chamada de emergência

ārkārtas izsaukums

dispositivo de medição de
pressão arterial

asinsspiediena mērītājs

doente / saudável

slims / vesels

Socorro!

Palīgā!

alarme

trauksme

assalto

uzbrukums

ataque

uzbrukums

perigo

bīstamība

saída de emergência

avārijas izeja

Fogo!

Uguns!

extintor de incêndios

ugunsdzēšamais aparāts

acidente

negadījums

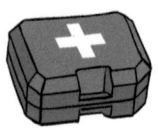

estojo de primeiros socorros

pirmās palīdzības aptieciņa

SOS

SOS

polícia

policija

Europa

Eiropa

América do Norte

Ziemeļamerika

América do Sul

Dienvidamerika

África

Āfrika

Ásia

Āzija

Austrália

Austrālija

Atlântico

Atlantijas okeāns

Pacífico

Klusais okeāns

Oceano Índico

Indijas okeāns

Oceano Antártico

Dienvidu okeāns

Oceano Ártico

Ziemeļu ledus okeāns

Polo Norte

Ziemeļpols

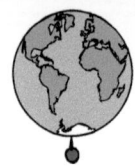

Polo Sul
....
Dienvidpols

Antártica
....
Antarktika

terra
....
zeme

país
....
zeme

mar
....
jūra

ilha
....
sala

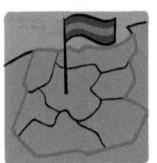

nação
....
nācija

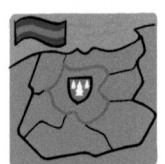

estado
....
valsts

mostrador do relógio
ciparnīca

ponteiro das horas
stundu rādītājs

ponteiro dos minutos
minūšu rādītājs

ponteiro dos segundos
sekunžu rādītājs

Que horas são?
Cik ir pulkstenis?

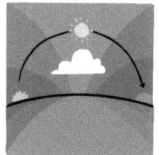

dia
diena

tempo
laiks

agora
tagad

relógio digital
digitālais pulkstenis

minuto
minūte

hora
stunda

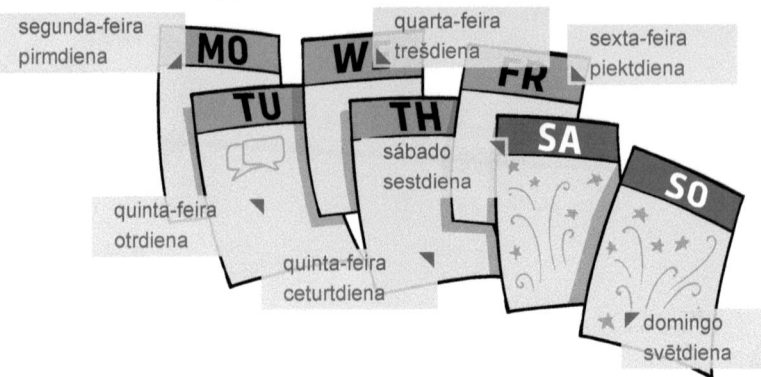

segunda-feira
pirmdiena

quarta-feira
trešdiena

sexta-feira
piektdiena

quinta-feira
otrdiena

sábado
sestdiena

quinta-feira
ceturtdiena

domingo
svētdiena

ontem

vakardien

hoje

šodien

amanhã

rītdien

manhã

rīts

meio-dia

pusdienlaiks

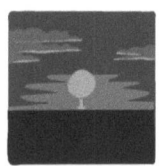

entardecer

vakars

MO TU WE TH FR SA SU

dias úteis

darbadienas

MO TU WE TH FR SA SU

fim de semana

brīvdienas

ano
gads

chuva
lietus
arco-íris
varavīksne
vento
vējš
neve
sniegs
primavera
pavasaris
verão
vasara
outono
rudens
inverno
ziema

4.APRIL 11°
5.APRIL 4°
6.APRIL 13°
7.APRIL 8°
8.APRIL 10°

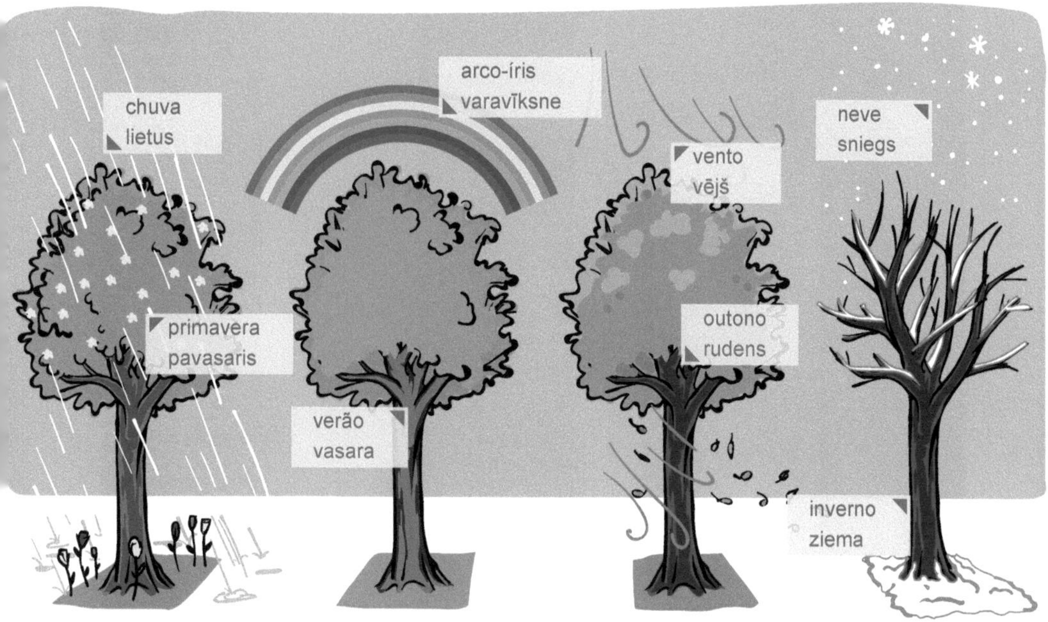

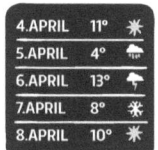

previsão do tempo

laika prognoze

F C
120 40
90 30
60 20
30 10
0 0
-30 -10
-20

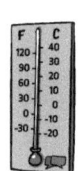

termómetro

termometrs

raios de sol

saules gaisma

nuvem

mākonis

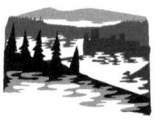

neblina / nevoeiro

migla

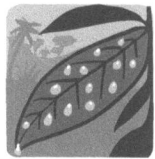

humidade do ar

gaisa mitrums

relâmpago

zibens

trovão

pērkons

tempestade

vētra

granizo

krusa

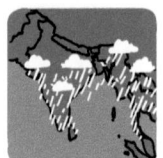

monção

musons

inundação

plūdi

gelo

ledus

janeiro

janvāris

fevereiro

februāris

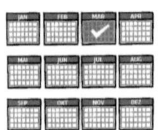

março

marts

abril

aprīlis

maio

maijs

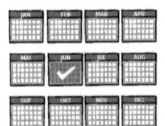

junho

jūnijs

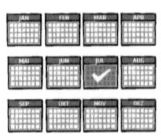

julho

jūlijs

agosto

augusts

setembro

septembris

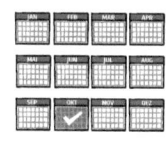

outubro

oktobris

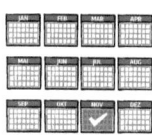

novembro

novembris

dezembro

decembris

formas

formas

círculo

aplis

quadrado

kvadrāts

retângulo

četrstūris

triângulo

trīsstūris

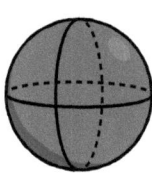

esfera

lode

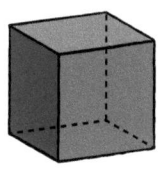

cubo

kubs

cores
krāsas

branco
....
balts

amarelo
....
dzeltens

laranja
....
oranžs

rosa
....
sārts

vermelho
....
sarkans

lilás
....
lillā

azul
....
zils

verde
....
zaļš

castanho
....
brūns

cinzento
....
pelēks

preto
....
melns

muito / pouco

daudz / maz

furioso / calmo

saniknots / miermīlīgs

lindo / feio

skaists / neglīts

princípio / fim

sākums / beigas

grande / pequeno

liels / mazs

claro / escuro

gaišs / tumšs

irmão / irmã

brālis / māsa

limpo / sujo

tīrs / netīrs

completo / incompleto

pilnīgs / nepilnīgs

dia / noite

diena / nakts

morto / vivo

miris / dzīvs

largo / estreito

plats / šaurs

comestível / não comestível

baudāms / nebaudāms

mau / gentil

nikns / laipns

entusiasmado / entediado

satraukts / garlaikots

gordo / magro

resns / tievs

primeiro / último

pirmais /pēdējais

amigo / inimigo

draugs / ienaidnieks

cheio / vazio

pilns / tukšs

duro / macio

ciets / mīksts

pesado / leve

smags / viegls

fome / sede

izsalkums / slāpes

doente / saudável

slims / vesels

ilegal / legal

nelegāls / legāls

inteligente / burro

inteliģents / dumjš

esquerda / direita

kreisais / labais

perto / longe

tuvu / tālu

novo / usado

jauns / lietots

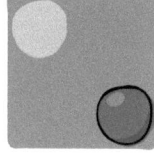

nada / algo

nekas / kaut kas

velho / jovem

vecs / jauns

ligado / desligado

ieslēgts / izslēgts

aberto / fechado

atvērts / slēgts

baixo / alto

kluss / skaļš

rico / pobre

bagāts / nabags

certo / errado

pareizi / nepareizi

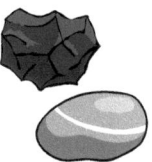

áspero / liso

raupjš / gluds

triste / feliz

noskumis / laimīgs

curto / longo

īss / garš

lento / rápido

lēns / ātrs

molhado / seco

slapjš / sauss

ameno / fresco

silts / vēss

guerra / paz

karš / miers

opostos - pretstati

0

zero

nulle

1

um

viens

2

dois

divi

3

três

trīs

4

quatro

četri

5

cinco

pieci

6

seis

seši

7

sete

septiņi

8

oito

astoņi

9

nove

deviņi

10

dez

desmit

11

onze

vienpadsmit

12

doze

divpadsmit

13

treze

trīspadsmit

14

catorze

četrpadsmit

15

quinze

piecpadsmit

16

dezasseis

sešpadsmit

17

dezassete

septiņpadsmit

18

dezoito

astoņpadsmit

19

dezanove

deviņpadsmit

20

vinte

divdesmit

100

cem

simts

1.000

mil

tūkstotis

1.000.000

milhão

miljons

inglês

angļu

inglês americano

amerikāņu angļu

chinês mandarim

ķīniešu mandarīnu valoda

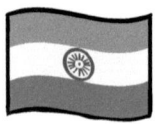

hindi

hindi

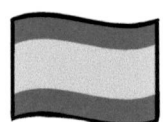

espanhol

spāņu

francês

franču

árabe

arābu

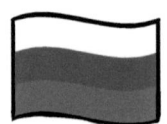

russo

krievu

português

portugāļu

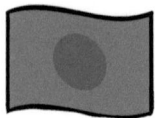

bengalês

bengāļu

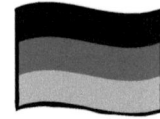

alemão

vācu

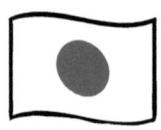

japonês

japāņu

eu

es

tu

tu

ele / ela

viņš / viņa

nós

mēs

vós

jūs

eles / elas

viņi / viņas

quem?

kas?

o quê?

ko?

como?

kā?

onde?

kur?

quando?

kad?

nome

vārds

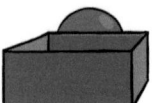

atrás
....
aiz

em
....
iekšā

à frente de
....
priekšā

sobre
....
virs

em cima
....
uz

debaixo
....
zem

ao lado
....
blakus

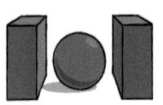

entre
....
starp

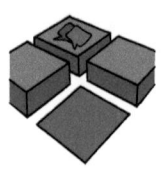

lugar
....
vieta